ज्वालामुखी

ज्वालामुखी

गोविन्द 'गोविन्द'

वाणी प्रकाशन
21-ए, दरियागंज, नयी दिल्ली-110002
द्वारा प्रकाशित

प्रथम संस्करण : 1995
 : मूल्य 195.00
आवरण : चेतन दास

तरुण प्रिंटर्स
दिल्ली-110032
द्वारा मुद्रित

JWALAMUKHI—Govind 'Govind'

माँ सरस्वती जी को
सादर समर्पित

क्रम

कल के नागरिकों को	...	9
मरघट की राख	...	11
भ्रम	...	13
मृत्यु की पूजा करो	...	14
मेरी अभिलाषा	...	15
कोई बात भी होगी	...	16
पतंगा और दिया	...	17
विनती	...	18
आशीष दो	...	19
पत्थर	...	20
बड़ा	...	21
मेरी नजर में कविता	...	23
मृत्यु तुम बड़ी महान	...	24
परिचय	...	26
बेरहम	...	28
बलि का बकरा	...	30
आँसू	...	31
श्रद्धांजलि (स्व० श्री राजीव जी को)	...	32
कंघा	...	33
मुस्कान	...	35
आत्मकथा	...	37
कविता	...	39
हम कवि हैं	...	40

हाथ सेंक लो ... 41
कुर्सी के खतरे ... 43
गुनाहगार ... 45
ज्वालामुखी-एक ... 46
फर्क ... 47
परहेज ... 49
भाग्य ... 50
मैं दीपक ... 52
जुदा ... 53
क्यों ... 54
मौत से पूर्व ही ... 55
बाबूजी ... 56
नारी के अस्त्र ... 58
आ जाओ ... 60
ज्वालामुखी-दो ... 61
हे भाग्यविधाता ! ... 62
मेरा मन ... 64
प्यार ... 65
आँधियाँ ... 67

कल के नागरिकों को

कल के नागरिकों को देख रहा हूँ मैं
आज शहर के कूड़े के ढेर के पास।
गंदे नाले के किनारे बनी झोंपड़ी में
जन्मते हुए, पलकें खोलते हुए, लिये जीवन की आश।

देख रहा हूँ मैं उसको झोंपड़ी के सामने की,
धूल को हँसते हुए, खेलते हुए।
उसके नंगे बदन से आत्मीयता से मिलते हुए;
जैसे वह बनाया गया हो केवल उसी के लिए।

देख रहा हूँ मैं उसे कुछ चिथड़ों से ढका,
बगल में थैला लटकाये शहर के कूड़ेघरों के पास।
पूस-माह की सर्दी में ठिठुरते हुए, सिकुड़ते हुए,
कूड़े के ढेर में भी लिये कुछ पाने की आश।
उसकी गहराइयों में जाते हुए सार की चीजों को
उठाते हुए, और थैले में पटकते हुए, लिये जीवन की आश।

देख रहा हूँ मैं उसे, स्टेशन पर, बस स्टैण्ड पर,
और मन्दिरों के अहातों में।
मैले-कुचैले फटे कपड़े, कांख में छोटा-सा थैला दबाये,

पौलिस का ब्रुस या भीख को कटोरा लिये हाथों में।
पौलिस की आवाज या गिड़गिड़ाकर, लिये कुछ पाने की आश।

कल के नागरिकों को देख रहा हूँ मैं,
देश के भविष्य को मुट्‌ठी में दाबे, लिये जीवन की आश।

मरघट की राख

हर तन को होना है, मरघट की राख।
पर होने से पहले, तू मरघट की राख,
कर दे रे मूर्ख मन के करकट की राख।
तेरा तन नहीं कंचन, जो बच जायेगा,
मरघट की ज्वाला से तप जायेगा,
और बच जायेगा होने से, मरघट की राख।

उपलों की, निबलों की, सबलों की राख;
लकड़ी भी राख और चन्दन भी खाक।
देखकर ढेरों ये, मरघट की राख
विचार तेरे मन में आयेगा आप।
कि इस जग में सुन्दर, असुन्दर, कोमल, कठोर, जीवित,
अजीवित, बड़े-छोटे; एक अवधि के बाद, हो जाते राख।
पर मरघट की राख का भी क्या होगा राख,
वह तो बच जाती होगी, होता न होगा उसका नाश।
उसके बच जाने से, तू क्यों होता है उदास,
उसे भी उड़ा ले जायेगी, आंधी अपने साथ,
और दूर जाकर मिला देगी मिट्टी में, मिटा देगी नामो-निशां
फिर न रहेगी राख, राख।
किन्तु नित शाम धधकती है, मरघट की ज्वाला;

और नित सुबह नई राख, होती मरघट के पास,
इसीलिए तू नहीं देख पाता, राख का नाश
दुनिया नश्वर है, आना-जाना इसका क्रम है।
ये क्रम चलता रहता है, ठीक उसी तरह, ज्यों दिन-भर
की मरघट की राख, उड़ा ले जातो है आँधी अपने साथ।
पर नित सुबह नई राख, मरघट के पास।

भ्रम

देखकर उन्हें मैं मूर्तिवत खड़ा हो जाता हूँ
नजरों के साथ-साथ शीश भी झुका जाता हूँ
राह चलते-चलते ठहर जाता हूँ,
उनके मार्ग से परे हट जाता हूँ।
क्योंकि मैं नहीं उठा सकता
जोखिम उन्हें खोने का,
पर उन्हें हो गया है भ्रम
खुद के 'खुदा' होने का।

मृत्यु की पूजा करो

हे ! धरती के बाशिन्दो, तुम मृत्यु की पूजा करो।
हे ! धरती के बाशिन्दो, जगत यह नश्वर है।
पशु, जन, वन, नदिया और झरने सब कुछ नश्वर हैं।
महल, झोंपड़ी, मन्दिर, मस्जिद, अमीरों की हवेली।
सब मिट्टी में मिल जाते, नहीं मृत्यु अकेली;
इस मृत्युलोक में सब कुछ असत्य है।
कहते वेद पुराण कि मृत्यु ही शाश्वत सत्य है।
कहते वेद पुराण सत्य ही ईश्वर है।
सत्य ही ईश्वर है तो मृत्यु ही ईश्वर है।
सो तुम विनती करो मृत्यु से मेरे कष्ट हरो,
मृत्यु की पूजा करो, करो तुम 'मृत्यु' की पूजा करो।
हे ! धरती के बाशिन्दो, तुम 'मृत्यु' की पूजा करो !!

मेरी अभिलाषा

हो जाऊँ ऊँचा पर्वत-सा चढ़ पाये कोई पाँव नहीं
गहराऊँ सागर जितना, पावे कोई थाह नहीं
गरमाऊँ सूरज जितना, छू पाये कोई हाथ नहीं
बढ़-चढ़ जाऊँ नील गगन-सा पहुँचे कोई छाँह नहीं
गरजाऊँ मेघों जैसा, कँपकँपा जाये मही
दौड़ाऊँ तूफानों जैसा, बच पाये कुछ भी नहीं
लहराऊँ लहरों-सा; बढ़ जाये नाव नहीं
यह मेरी चाह नहीं, यह मेरी चाह नहीं
बस एक चाह बस गई है मेरे हिये,
कि मैं जीऊँ तो औरों के लिए, मरूँ तो औरों के लिए।

कोई बात भी होगी

बादल हैं तो बरसात भी होगी,
ढल रहा है दिन तो रात भी होगी
दूल्हा है घोड़ी पे तो बारात भी होगी
मुर्दा है तो गिद्धों की जमात भी होगी
पाँसा है तो यहाँ बिसात भी होगी
खैराती है तो यहाँ खैरात भी होगी
जंगल हैं तो जंगली जात भी होगी
आदमी है तो उसकी औकात भी होगी
खुले हैं ओठ तो कोई बात भी होगी।
आँखों में आँसू हैं कुछ बात भी होगी।

पतंगा और दिया

मुड़ेर पर एक दिया जल रहा था,
अकेलापन कुछ उसे खल रहा था
अकेलापन मिटाने, किसी को बुलाने
उसने अपनी ज्योति बढ़ाई, थोड़ी और चमकाई
घने अंधकार में चमकती हुई ज्योति को देखकर
एक कीट पतंगा, उसके नजदीक आया
आसपास मँडराया, चारों ओर चक्कर लगाया
तब हवा के झोंके के साथ, ज्योति भी घूमी आसपास
पतंगे से टकराई और उसके पंखों को झुलसाया
शान से उड़ रहा पतंगा, अधर से जमीन पर आया
सँभलकर फिर से उड़ने की कोशिश की पर उड़ न पाया
अब वह उड़ नहीं सकता था, सिर्फ चल सकता था घिसटते हुए,
वह आया था चमकती हुई ज्योति लेने,
अपने तले के अँधेरे 'दिये' ने दिये।

विनती

देकर मुझको जीवन नैया,
भेज दिया सरकार।
नैया भी भेजी खिवैया भी भेजा
भेजा नहीं पतवार।
थमा तो दी नैया, बिन सिखाये खिवैया
कैसे पहुँचेंगे उस पार
जल समतल लेकिन गहरा है,
वेग अत्यधिक है इस बार
तीर पे ही मनमौजी है नैया,
क्या हाल होगा बीच मंझधार
जो कुछ हुआ सो छोड़ो प्रभू,
आगे एक विनती सुन लो हमार
उस पार जाने का झंझट ही टूटे,
मिटा दो नदिया के दोनों किनार।

आशीष दो

प्रभु तुम दो आशीष मुझे
मैं दूसरों के काम आऊँ।
वृक्ष बन फूलूँ-फलूँ,
छाया दिलाऊँ, फल खिलाऊँ।
झरना बनूँ और बह चलूँ,
धरती सींचूँ, प्यास बुझाऊँ।
दीप बनकर जलूँ मैं,
राह दिखाऊँ, अँधेरा हटाऊँ।
शीतल, मन्द-सुगन्धित पवन बनूँ,
प्राणियों को जीवन दूँ, मन को लुभाऊँ।
बादल बनकर बरसूँ नीचे,
धरा और चातक की प्यास बुझाऊँ।
फूल बनूँ बागानों का मैं,
भँवरों को मधु दूँ सुगन्ध फैलाऊँ।
प्रेम बनूँ फैलूँ इस जग में,
नफरत का अस्तित्व मिटाऊँ।

पत्थर

'मैं' एक पत्थर हूँ जिसे,
ठोकर हिला तो सकती है
मिटा नहीं सकती।
अग्नि गरमा तो सकती है
जला नहीं सकती।
तूफाँ दबा तो सकता है,
उड़ा नहीं सकता।
पानी भिगा तो सकता है;
गला नहीं सकता।
टुकड़े कर सकती है हल्की चोट भी
घन भी झुका नहीं सकता।

बड़ा

'बड़ा' शब्द छोटा होता है, कहने में सरल है सुबोध है,
किन्तु यह सत्य भी किसी से छिपा नहीं है कि
कितनी कठिनाइयाँ होती हैं, कितने कष्ट पड़ते हैं;
कितना परिश्रम करना पड़ता है;
वक्त लगता है कितना बड़ा बनने में।
तालाब के किनारे ये जो खड़ा है;
बरगद का पेड़ है बहुत बड़ा है,
इतना ऊँचा, इतना विशाल होने में इसने, कितने
बसन्त खोये हैं, कितने पतझड़ झेले हैं
कितनी वर्षा, कितनी आँधियाँ देखी हैं, संघर्ष किया है
कितने तूफानों से।
यह जानने के लिए तुम्हें अपने पिछली सदियों के पुरखों
से मिलना होगा।
ये किला है जो अब जीर्ण-शीर्ण है, बहुत बड़ा है,
दस-ग्यारह सदियों से अविचल खड़ा है,
इसमें भी न जाने कितना धन खर्च हुआ होगा,
कितने वर्ष लगे होंगे, बहा होगा खून कितना, बहा होगा
पसीना कितना। ये सब रह गई हैं बनकर कल्पना की बातें।
ये तरबूज है फलों में सबसे बड़ा है; डाली पर हवा में
लटकने के बजाय धरती पर तपते रेत में न जाने कब से

पड़ा है। क्योंकि यह जानता है कि बड़े बनने के लिए सर्दी, गर्मी सब कुछ सहना पड़ेगा, हवा में ऊँचाई पर नहीं धरती पर ही रहना पड़ेगा, वो भी पत्तों की ओट में, धीरज के साथ। वरना कोई बड़े होने से पहिले ही घोंट देगा अरमानों का गला। किसी को बड़ा बनते हुए कोई कैसे देख सकता है भला?

मेरी नजर में कविता

कविता न तो मनोरंजन के लिए है
और नहीं वह दुकान के लिए होती है।
नहीं उसमें स्वार्थ होता नाम कमाने का,
वह तो बस कवि के दुखड़ों को सँजोती है।
कविता तो कवि द्वारा, स्वयं कवि के या
किसी भी प्राणी के दर्दों और व्यथाओं को
सम्हालकर रखने का बक्सा है।
विकृत देश, समाज और आदमी का नक्शा है।
प्रकृति के सुन्दर, मनोहारी दृश्यों की तस्वीर है।
भाषा का बहुमूल्य 'साहित्य' है उसकी तकदीर है।

मृत्यु तुम बड़ी महान

मृत्यु तुम बड़ी महान।
जीवों का करती कल्यान।
क्यूँ न कहाती तुम भगवान।
एक वृद्ध जो चल ना पावे, पड़ा खाट पै मल फैलावे,
खाँसत-खाँसत जी घबरावे, काया फिर रोगनि में जावे,
पौत्र-प्रपौत्र अपशब्द सुनावें, तब वह तेरो ध्यान लगावे,
सारे कष्ट दूर कर देती, तुम लेकर उसके प्रान।
मृत्यु तुम बड़ी महान।
क्यूँ न कहाती तुम भगवान।
दुर्घटना में घायल होवे, टाँग, हाथ और आँखें खोबे,
मारे दर्द के पल-पल रोवे, बिस्तर पड़े-पड़े दिन खोबे,
घरवाले भी धीरज खोबें, जीवन बोझ अकेले ढोबे,
सबको चिन्ता मुक्त बनाती, कर उसको बेजान।
मृत्यु तुम बड़ी महान।
क्यूँ न कहाती तुम भगवान।
ताँगे जुता अश्व रोता है, मुझसे न अब बोझा ढोता है,
मालिक बोझ बहुत भर लेता, ख़ुराक भी पूरी नहीं देता,
पल-पल पे चाबुक फटकारे, रोवत सूखे नैन हमारे,
दर्द सभी उसके हर लेती, बना के निज मेहमान।
मृत्यु तुम बड़ी महान।

क्यूँ न कहाती तुम भगवान।

कोई रेगिस्तान में रहता, कोई नदियों की बाढ़ में बहता,
कभी घेरती जा पनघट पे, कभी छेड़ती जा जमघट में,
कोई लपटों में फँस जाता, कोई बड़े मुँह में धँस जाता,
छोटे-बड़े सभी जीवों का, तुम करती कल्यान।

मृत्यु तुम बड़ी महान।
क्यूँ न कहाती तुम भगवान।

कोई भूख-प्यास का मारा, कोई गर्मी का दुखियारा,
कोई परेशाँ बरसातों से, कोई सर्दी की रातों से।
कोई गरीबी की जकड़न से, कोई रोगों की पकड़न से,
कीट-पतंगे दीपक लौ से, राह का चींटा राहगीरों से।
मछली परेशाँ मछुआरों से, मुर्गा, बकरे हत्यारों से,
बिना तपस्या किये तुम्हारी, सब पा जाते निर्वाण।

मृत्यु तुम बड़ी महान।
क्यूँ न कहाती तुम भगवान।

परिचय

नाम हमारा मानव है और
मानव जाति में जन्म लिया।
जगतपिता है पिता हमारा,
जिसने सबको जन्म दिया।

भू पूर जन्मे गोद में खेले,
गोद में ही हम रहते हैं।
पालन-पोषण धरती करती,
सो इसको माँ कहते हैं।

मानव-धर्म का पालन करते,
सत्कर्मों में रत रहते हैं।
हिन्दू, मुस्लिम, सिक्ख, ईसाई,
क्या जानें किसको कहते हैं।

ऊँच-नीच हम क्या जानें,
परमार्थ को जन्मे सीखा।
उसके आँसू पोंछ दिये,
जो भी हमको रोता दीखा।

गाँव, देश और जिला हमारा,
किस टापू पर रहते हैं।

एक विश्व की एक धरा
सो धरतीवासी कहते हैं।

एक गोद में जन्म लिया,
और एक गोद में पलते हैं।
दीन, धनी, ऊँचे - नीचे,
सब उसी गोद में जलते हैं।

बेरहम

ज्यों छीन ले कोई हरी-भरी
बगिया को उसके माली से,
बड़े बेरहम हैं वे जो तोड़ लेते
हैं अधखिले फूल यूँ डाली से।

वे उसे सूंघते दो-चार बार,
मुट्ठी में पकड़े-पकड़े कसकर,
पत्तियाँ जब मलिन हो जाती हैं
पुष्प की आभा खो जाती है,
तब वे उसे फेंक देते हैं पथ पर
पथिकों के पैरों तले खुँदने।

और एक हँसती-मुस्काती कली
कुछ क्षण बाद कैसे हो जाती बरबाद
मिट्टी से उठा ले उसे, ऐसे कद्रदान
नहीं होते आँखें खोलकर चलने वालों में भी

उन्हें कौन समझाये कि वह कली
जब डाली पर अपना यौवन पाती
बगिया और पौधे की शोभा बढ़ाती
जीवनपर्यन्त तक चमन महकाती

इनसे तो वे भँवरे अच्छे हैं,
जो सब्र करते हैं उसके फूल बनने तक
नहीं उसे अलग करते कभी डाली से
और उसकी दुर्गति भी नहीं होती।

बलि का बकरा

देख अचानक मालिक के इस बदले हुए व्यवहार को,
माथा ठनका बकरे का, क्यों ऐसा इस बार को।
तीन दिनों से रोज बराबर, वह मुझको नहलाता है,
तरह-तरह से लुभा, खिलाकर, मेरा मन बहलाता है।
पहले कभी देखा न चखा, भोजन भी खास नजर आता,
घर की स्त्री, बच्चे, बूढ़े, सबका आज प्यार पाता।
किन्तु प्रसन्न नहीं उस दिन से, मेरी माता दिखती है,
उदास चेहरा, रोती आँखें, बस मुझे निहारा करती है।
क्या जाने बकरा भोला-सा, जालिम दुनिया की रीतों को,
अपने मालिक के स्वार्थ को, माँ की बच्चे से प्रीतों को।
माँ के चेहरे की उदासी को और दर्द का मर्म क्या पहिचानें,
आज के रहमी, कितने बेरहम होंगे कल कैसे जाने ?
क्या जाने वह कल उसकी यह सारी कथा खत्म होगी,
माँ का तो ये पीते दूध, बोटी-बोटी उसकी हज्म होगी।
दाने चुगने डाल के पक्षी, जाल में जकड़े जाते हैं,
लालच देकर होशियार भी जाल में जकड़े जाते हैं।
बिन मारे जिनसे स्वार्थ सधता, उनको भूखों मारा जाता,
अच्छा भोजन खिला-पिलाकर बकरों को काटा जाता।

आँसू

निकल कर आँखों से चुपचाप,
दर्द कम करते अपने आप
'अश्रु' मेरे चिरस्थायी मीत,
अन्त तक देंगे मेरा साथ।

छूटे बन्धु, तात् - मात
मित्रों ने भी छोड़ा साथ
दर्द का बढ़ा जो दिल पर भार
दृगों से बहकर अश्रुधार
दर्द कम करती बिना गुहार।

जब अपने हुए बेगाने
लगे जख्मों का दर्द बढ़ाने
लेकर बूँदों का आकार
'जख्म' सहलाते बिना पुकार।
अश्रु मेरे सबसे अच्छे यार।
मुझे इन पर पूरा विश्वास
अन्त तक देंगे मेरा साथ।

श्रद्धांजलि (स्व० श्री राजीवजी को)

जा मिली ज्योति अपने ज्योति पुंज में,
अन्धकार छा गया, भारत निकुंज में।
सिसके ये धरा, रोये ये गगन,
सिर धुने ये वतन, और दहाड़े पवन।
प्राण तन से निकलकर भ्रमर हो गये,
तुम जहाँ से निकलकर अमर हो गये।
इस वतन के लिए तुम हो गये हवन,
ऐ हिन्द के सुमन, तुमको शत्-शत् नमन।

कंधा

मुझे कंधा चाहिए
इसलिए नहीं कि वह मेरा मृत शरीर
मरघट तक सकुशल पहुँचा सके।
मुझे अपने नश्वर शरीर की चिन्ता नहीं
चाहे वह जले अथवा चील-कौओं का भोजन बने
वो तो स्वतः ही मिट्टी में मिल जायेगा।
मुझे कंधा चाहिए, इसलिए
कि मैं उस कंधे पर सिर रखकर सिसकियाँ ले सकूँ,
अंतरतम का दर्द आँसुओं में धो सकूँ और भयंकरतम दर्द
व पीड़ा घुले वे आँसू वह कंधा सोख ले,
ताकि मेरे आँसुओं की कोई भी बूँद पृथ्वी पर न गिरने पाये।
क्योंकि समुद्र-मंथन से निकले चौदह रत्नों के साथ विष भी
निकला था जिसे शिवजी ने अपने कंठ से उतार कर
देवताओं को संकट से उबार लिया था, लेकिन विष पीते
समय शिवजी से एक बूँद पृथ्वी पर छलक गई थी,
उससे पृथ्वी पर सर्प, बिच्छू, छिपकली, मकड़ी आदि
असंख्य जहरीले प्राणी उत्पन्न हो गये थे।
जो आज भी हमें भयभीत कर पीड़ा पहुँचाते रहते हैं।
मैं नहीं चाहता कि कहीं विष से भी तीखे मेरे आँसुओं की
कोई बूँद पथ्वी पर गिरे और दर्द व पीड़ा पहुँचाने वालों

की नस्लें उत्पन्न करें, जो आनंदमग्न धरती को दर्द व
पीड़ा पहुँचाकर भयभीत करें।
मुझे कंधा चाहिए
जो मेरे आँसुओं के वेग से विचलित न हो
ठीक उसी तरह—
जैसे शिवजी ने गंगाजी के वेग को अपनी
जटाओं में उलझाकर साध लिया था।
समेट ले समस्त आँसुओं को कंधा अपने भीतर
ताकि धरा पर नामोनिशाँ न रहे दर्द का
न दर्द के आँसू ही नजर आयें।
जिधर भी जायें, खुशियाँ ही खुशियाँ हों
खुशियों के आँसू ही नजर आयें
मुझे कंधा चाहिए
जो मुझे इस संकट से उबार सके।

मुस्कान

मुस्कान जिन्दगी की शान
जिन्दगी नीरस बिन मुस्कान
मुस्कान करे इन्सान
नहीं तू पशु अपने को जान

करोड़ों पुष्पों की मुस्कान
और दो ओठों की मुस्कान
नहीं हो सकती कभी समान
जैसे जमीं और आसमान।

झगड़े निपटाती मुस्कान
लफड़े करवाती मुस्कान
युवकों को करती बेजान
अनुपम नारी की मुस्कान।

नाम दे जगत में मुस्कान
काम दे स्वागत में मुस्कान
जख्मी कर देती मुस्कान
जख्म भी भर देती मुस्कान।

दर्द को हर लेती मुस्कान
क्रोध को जर देती मुस्कान

हर मुश्किल करती आसान
निज-निज के प्रिय की मुस्कान।

प्यार भी आधा बिन मुस्कान
यार भी आधा बिन मुस्कान
जीत भी फीकी बिन मुस्कान
हार भी आधी बिन मुस्कान।

प्यार को रंग देती मुस्कान
यार भी कर देती मुस्कान
बना दे घर को भी जहान
नन्हें बच्चों की मुस्कान

बच्चों को देती अभयदान
मम्मी-पापा की मुस्कान
सिद्ध होती है वरदान
दीन-दुखियारों की मुस्कान।

मुस्कान बड़ी आसान
तू भी अपना ले मुस्कान।

आत्मकथा

रुको ! ओ मित्र ! रुको, पहाड़ी की ओर बढ़ने वाले मित्र रुको !
ओ समुन्दर की ओर बढ़ने वाले मित्र ! तुम भी रुको !
शायद तुम आत्महत्या करने जा रहे हो, पर मित्रो रुको !
शायद तुम्हें नहीं मालूम कुछ रोज पहिले मैं भी इस पहाड़ी
पर गया था ।
मेरे क़दम भी बढ़े थे अथाह समुद्र की ओर ।
एक बार तब जब मैं असाध्य रोग से पीड़ित था, एक
बार तब जब मैं बेकार था और आखिरी बार तब जब
मेरी असफलताओं का बण्डल कुछ ज्यादा भारी हो गया था ।
मैंने सोचा था मैं अब सिर्फ बोझ हूँ स्वयं पर, घर पर,
पृथ्वी पर ।
मैं अपना बोझा ढो भी लूँ, घर वाले भी कुछ प्रयत्न करें
शायद पृथ्वी घबरायेगी ।
ये बोझ कम नहीं हुआ तो वह अपनी धुरी पर कैसे टिकी
रह पायेगी ।
अन्तर्मन से आवाज आयी कि मित्र बोझ हल्का करने
का विचार तो अति सुन्दर है ।
आप जो तरीका अपनाने जा रहे हैं उस पर विचार करो,
जरा असन्दर है ।
जीवन में पहाड़ी से भी ऊँची ऊँचाइयाँ हैं ।

समुन्दर से भी ज्यादा गहराइयाँ हैं।
माना कि तुम्हारे जीवन का तुम्हारे लिए कोई अर्थ नहीं है।
परन्तु दूसरों के लिए तो तेरा जीवन व्यर्थ नहीं है।
सूरदास को राह दिखाना, पंगों को मंजिल पहुँचाना,
प्यासों को पानी दे जाना, वृद्धों का बोझा ले जाना।
दुखियारों के दुख सुन जाना, बच्चों के चाचा बन जाना।
फुटपाथों पर प्यार जताना, बिछुड़ों को भी ढूंढ़ मिलाना।
ये करना तो अनर्थ नहीं है
तेरा जीवन व्यर्थ नहीं है।
तुम अपना बोझ फेंक दो यहीं लौट जाओ, दूसरों का दर्द
कुछ कम करो।
दूसरों का भी बोझ हल्का हो और स्वयं का भी,
पृथ्वी का बोझ भी कुछ इस तरह हल्का करो।
मित्रो और मैं लौट आया था, मेरी मानो तुम भी
लौट आओ।
युवा शब्द को क्यों बदनाम करते हो,
हत्या करनी है तो अंतर्मन की कायरता की करो।

कविता

यूँ तो जिन्दगी का,
हर एक लम्हा कविता है।
पर जो खास लम्हा,
एक शूल की तरह चुभता है।
घूमता रहे हर घड़ी मन में,
चैन दिन रैन नहीं मिलता है।
उस लम्हे को कलम से,
जो कागज पर लिखता है
वही सुन्दर 'कवि' है
वही प्यारी कविता है।

हम कवि हैं

मित्रो ! हम कवि हैं, बड़ी पैनी नजर रखते हैं।
आकाश की तो क्या ! समुन्दर के पेंदे में है क्या ?
इसकी खबर रखते हैं।
कौन क्या कर रहा है ? कहाँ क्या हो रहा है ?
अच्छा हो रहा है या बुरा हो रहा है।
हम सब बकते हैं।
बिना रुके बकते हैं, बिना थके बकते हैं।
पर कुछ कर नहीं सकते हैं।
वैसे हम शक्तिहीन नहीं हैं, बहुत कुछ कर सकते हैं,
किन्तु करते ही नहीं हैं।
ये दुनिया है यहाँ पर सब अपने-अपने स्वार्थों में लिप्त हैं,
हम भी अपनी स्वार्थ सिद्धि के नशे में धुत्त हैं।
जब किसी को नहीं औरों की, तो फिर हम ही क्यों
दूसरों के लिए कुछ करें ?
हमारी बला से वे जियें या मरें।
उनकी दुर्गति, समाज व देश की समस्यायें और
पतन तो हमारे लिए वरदान हैं।
हम अपना धन्धा इन्हीं से तो चलाते हैं।
तभी हम दो-चार कवितायें लिख पाते हैं, उन्हें प्रकाशित
करवाते हैं फिर पारिश्रमिक पाते हैं।
कविसम्मेलनों में भी तो हम सिर्फ लिफाफे के लिए जाते हैं।

हाथ सेंक लो

ओ ! मेरी अरथी को मरघट तक लाने वालो,
मुझको इस नश्वर दुनिया से निजात दिलाने वालो,
तुम इस कड़ाके की सर्दी में पत्ते से काँप रहे हो,
दाँत बज रहे हैं, हाथ ठिठुर रहे हैं, कुछ हाँप रहे हो।
बैठ जाओ सुस्ता लो, मेरी जलती चिता में अपने
हाथ सेंक लो।
मैं दुष्ट, धूर्त, महास्वार्थी, महापापी, जो इस शरीर के
मोह में इतना अन्धा हो गया था कि मैंने दूसरों का
कुछ ख्याल ही नहीं किया,
न उनके लिए कुछ किया, न उनको कुछ दिया
जो कुछ भी किया अपने पेट के लिए किया
जितना भी जिया, अपने शरीर के लिए जिया
बल्कि इस शरीर के लिए मैंने दूसरों से बड़ी बेईमानी से
लिया, बड़ी बेरहमी से लिया।
यूँ समझ लो कि कितने ही लोगों का खून चूस-चूसकर
मैंने अपने तन में वर्षों से एकत्र किया।
तब कहीं इतने सुन्दर, सुगठित शरीर का निर्माण हुआ
वृद्धावस्था में भी मेरे तन पर शिशुओं के बदन जैसी
लालिमा थी; झुर्रियों का तो कहीं नामोनिशान न था
चमड़ी भी कैसी किशोरियों की त्वचा जैसी कोमल

व चिकनी थी।
इस उम्र में भी युवतियों के प्रणय निवेदन पर तो मेरा
सीना फूलकर दोगुना हो जाता था।
किन्तु आज वह शरीर पल-भर में राख हुआ जाता है
और तुम लोग इस शरीर से उत्पन्न ज्वाला को अपने
हाथ सेंकने लायक भी नहीं समझते।
मेरा बज्र-सा कठोर हृदय भी आज कितना रो रहा है,
तुम नहीं देख सकते।
कि जन्म से मृत्यु तक इस शरीर का मुझसे कुछ
उपयोग न बन पड़ा।
और मेरी अरथी को मरघट तक लाने वालो
तुम ही मेरी व्यथा कुछ कम करो।
मेरे शरीर से उत्पन्न ज्वाला का हाथ सेंककर हो
सही सदुपयोग तो करो।
बैठ जाओ, सुस्ता लो, सकुचाओ मत
मेरी जलती चिता में अपने हाथ सेंक लो।

कुर्सी के खतरे

कुर्सी ! तू तो सिर्फ बैठने के लिए ही बनी है,
फिर तुझे तेरे ऊपर बैठने वाले से क्या दुश्मनी है ?
जो बैठते ही बैठने वाले के पीछे छोड़ देती है; बिच्छू, साँप से
भी खतरनाक जहरीले जीव-जन्तु।
जिनसे बचना बहुत मुश्किल होता है
जिनका काटा लाइलाज होता है।
कुर्सी ! तुझ पर बैठे बिना व्यवस्था असंभव है।
तुझ पर बैठे बिना तेरा अस्तित्व बना रहना भी असंभव है।
फिर तेरे इर्द-गिर्द ईर्ष्या, विश्वासघात, आतंक और षड्यंत्र
जैसे भयंकर जन्तु क्यों मँडराते रहते हैं ?
जमीन पर बैठने वालों से कुछ नहीं करते, कुर्सी पर बैठने
वालों को डराते रहते हैं।
कुर्सी ! अब कुर्सी पर बैठकर ही काम करने का चलन
हो गया है।
जमीन पर बैठने वाला कुछ भी नहीं कर सकता सिवाय
कुर्सी पर बिठाने के।
करने वाला कुर्सी पर बैठकर ही कुछ कर सकता है।
किन्तु कर नहीं पाता है।
वह अपनी सारी शक्ति व समय ईर्ष्या, विश्वासघात, आतंक व
षडयंत्र जैसे जन्तुओं से बचने में गँवाता है।

फिर भी वह बच कहाँ पाता है, डसा ही जाता है।
इसीलिए आज तुझ पर बैठने वाले जल्दी-जल्दी बदलने लगे हैं।
तेरे ऊपर मौत का साया है! किन्तु लोग भी जैसे तुझ पर
बैठने के लिए ही पैदा होने लगे हैं।
वे बड़े साहसी हैं; मौत से भयभीत नहीं, साथ में कफन
लेकर चलने लगे हैं।
सच तो ये है कि मौत के साये से मुक्त
कुर्सी पर बैठने वाला ही कुछ घड़ी टिक पायेगा
और निश्चिंत होकर काम करते हुए अमन-चैन
का इतिहास लिख जायेगा।
सो हे कुर्सी! तुम अपने इर्द-गिर्द ईर्ष्या, विश्वासघात,
आतंक और षड्यंत्र जैसे खतरनाक जन्तुओं को मत पालो।
रहम करो! इस दुनिया को
अस्त-व्यस्त होने से बचा लो।

गुनाहगार

अब मुझे नये वस्त्र पहिनने में डर लगता है।
नये जूते, घड़ी, चश्मा आदि भी पहिन नहीं सकता
ये फैशन करने का मुझे कोई अधिकार नहीं।
विधवा की तरह मैं भी सज-सँवर नहीं सकता
अपने परिचितों, पड़ौसियों और रिश्तेदारों से
मैं सिर उठा बात नहीं कर सकता।
खिलखिलाने का मुझे कोई अधिकार नहीं
विधवा की तरह मैं भी मुस्करा नहीं सकता।
रास्ते में व्यापारी, अधिकारी, ठेकेदार सरकारी आदि मित्रों
से कतराकर निकलने को मजबूर हूँ।
उनसे नजरें मिलाने का मुझे कोई अधिकार नहीं।
विधवा की तरह परपुरुषों से नजर मिला नहीं सकता।
कारण मैं बहुत घबराता हूँ! मैं नहीं चाहता
कि मेरे परिचितों, रिश्तेदारों और सखाओं की नजरें
मुझ पर पड़ें फिर मेरा उपहास करें।
माना यह सजा है; कठोर है, पर स्वाभाविक है।
मैं इसे भोगूंगा, इसका हकदार हूँ।
क्योंकि मैं देश, समाज और परिवार का
एक बदनसीब गुनाहगार हूँ।
मैं एक बेरोजगार हूँ।

ज्वालामुखी-एक

मेरा मस्तिष्क भी लावा उगलता है।
कलम के द्वारा, वाणी के द्वारा, कृत्यों के द्वारा।
परिवार के विरुद्ध, समाज के विरुद्ध, शासन के विरुद्ध,
उनकी व्यवस्थाओं के विरुद्ध, सबके विरुद्ध।
लेकिन तभी जब इनमें से कोई भी उसके स्वयं के
और केवल उसके स्वयं के विरुद्ध हो उठता है।
तभी जब कोई उसको स्वयं की महत्वाकांक्षाओं की
लगाम कस लेता है।
तभी जब उसकी सफलताओं की उड़ान प्रतिबन्धित
हो जाती है।
तभी जब उसके अरमानों की नींव पर कोई अपने अरमानों
का महल खड़ा करने लग जाता है।
तभी जब उस स्वयं को कोई जख्मी कर देता है।
और तब जब कोई इन जख्मों पर नमक छिड़कता है।
अन्यथा वह शान्त व निष्क्रिय रहता है।
किसी सुप्त ज्वालामुखी की तरह।

फर्क

कभी वह आसमान से उतरी
किसी परी-सी लगती थी,
उसकी आँखें मानो मधु का प्याला,
शर्म से सुर्ख गुलाबी गाल,
पीड़ाहरनी मधुर मुस्कान और
कानों में मिश्री घोलने वाली
उसकी वो सुमधुर विनम्र वाणी;
ये सब खो गईं कहीं।
अब इनका अवशेष भी यहाँ नहीं।
आज वह भट्टी-सी मुझे
साबुत निगलने को आतुर लगती है
उसकी आँखें मानो दहकते हुए अंगारे,
क्रोध से तमतमाते हुए गाल,
विजयी कुटिल मुस्कान,
मानो नयी विपत्ति का संकेत,
वाणी, कर्कश, मानो कानों में
पिघला शीशा उड़ेल दिया गया हो;
शब्द पैने तीर, हृदय को छलनी
करने के लिए पर्याप्त
पहले वह गुड़िया-सी लगती थी

अब मैं गुड्डा-सा लगता हूँ।
मित्रो घबराने की कोई बात नहीं
फर्क सिर्फ फेरों का है।
पहले वह मेरी प्रेमिका लगती थी,
अब मैं उसका पति लगता हूँ।

परहेज

नारी मेरे लिए पूजनीय है, बन्दनीय है।
माँ हो, दादी माँ हो,
नानी हो, मौसी हो,
चाची हो या मामी हो,
बहिन हो या सखी हो,
नारी के ये सभी रूप
मुझे परम प्रिय हैं।
किन्तु मुझे 'पत्नी' शब्द से परहेज है।
और वह व्यक्ति भी परहेज करे
सारी धरती जिसका घर है, आकाश घर की छत,
धरती के सारे लोग उसके परिवार के हैं
और जिसे सबके लिए जीना है,
जो लोग जीवन-भर मद-मस्त हो
भोगविलासों का सुख भोगना चाहते हैं।
ठीक शहद में पड़ी मक्खी की तरह
(जो शहद से मृत्यु को प्राप्त होकर ही बाहर निकलती है)
वे 'पत्नी' शब्द से परहेज
बेशक न करें।

भाग्य

हे भाग्य ! तुम भी बड़े अजीब हो।
जो दरवाजा बन्द किये हाथ पर हाथ धरे बैठा रहता है घर में,
उसका दरवाजा तोड़ धड़धड़ाते हुए अन्दर पहुँच जाते हो
पल-भर में उसका जीवन सँवार आते हो।
और जो लगाते हैं चक्कर कई-कई बार आपके द्वार
दस्तक देते हैं जोर-जोर से।
दरवाजा खोल तुम उनको अपनी एक झलक दिखलाना
भी पसन्द नहीं करते।
और वे तुम्हारे दरवाजे पर सिर पटक-पटककर परलोक
सिधार जाते हैं।
वही पुरानी कहावत—कि घर आये सर्प न पूजिये,
बाँबी पूजन जाय
लेकिन मैं तुम्हारे दरवाजे पर अपना सिर पटक-पटक
जान नहीं दूंगा।
मैं अपने कर्मों की एक कुल्हाड़ी निर्मित करूँगा, उससे करूँगा
तुम्हारे दरवाजे के टुकड़े-टुकड़े,
तब तुम दौड़े-दौड़े दरवाजे पर आओगे, पैरों में गिर
शरण पाने के लिए गिड़गिड़ाओगे।
तब समीकरण कितने बदले हुए होंगे।

मेरे कर्मों की कुल्हाड़ी मेरे हाथों में चमचमा रही होगी
तुम मेरे पैरों में पड़े दया की भीख माँग रहे होगे।
फिर सर्वत्र कर्मों का बखान होगा।
तुम पर किसी का न ध्यान होगा।

मैं दीपक

मित्र ! माना चाँद और सूरज जैसी हस्तियाँ भी तुम्हारी
जिगरी दोस्त हैं।
धूप और चाँदनी भी तुम्हारी अंतरंग सहेलियाँ हैं।
लेकिन उनसे दोस्ती पर तुम्हारा इतना गर्व करना ठीक नहीं,
वे तुम्हारे दोस्त हैं इस खुशी में इतने चूर मत होओ,
कि मुझ जैसे गरीब को बिल्कुल ही भुला दो।
सूरज की अपनी सीमाएँ हैं मित्र !
वो रात के अँधेरे में तुम्हारी मदद के लिए नहीं आ सकता
चाँद भी कृष्ण पक्ष की काली रातों में कहीं गुम हो जाता है
शुक्ल पक्ष की रातों में भी कभी-कभी बादलों में खो जाता है
और वह खुद भी तो रोशनी के लिए सूरज का मोहताज है।
मित्र ! माना मेरी हैसियत बहुत कम है,
इस बात का तुम्हें क्यों गम है ?
मेरे पास जो कुछ भी है जितना भी है अपना है
मेरी रोशनी है अपनी है
उसे बाँटने के लिए मैं पूरी सामर्थ्य-भर जलता हूँ
हर जगह, हर समय मदद को तत्पर रहता हूँ।
दोस्त ! जिनकी हैसियत नहीं होती,
उनकी सीमाएँ भी नहीं होतीं।
वे हो सकते हैं उपलब्ध,
हर जगह, हर वक्त, हर किसी के लिए।

जुदा

धरती एक है, गगन एक है
प्रकृति एक है, प्राणी एक है
शक्ल एक है, रूप एक है
रक्त एक है, वक्त एक है
पिता एक है, माता एक है
पानी एक है, हवा एक है
फिर मानव क्यूँ ज़ुदा-जुदा हैं ?
हर मानव का खुदा ज़ुदा है
आचार जदा है, विचार जुदा है
मानव का संसार जुदा है।
धर्म जुदा है, कर्म जुदा है।
हर मानव का मर्म जुदा है।

क्यों ?

हे ईश्वर आपने धरती और आकाश बनाये
आकाश में चाँद-तारे सजाये,
पर्वतों, झरनों, नदियों और सागरों से
धरती का मनोहारी श्रृंगार किया;
मानव, पशु, पक्षी, पेड़-पौधों को
जीवन दे आश्चर्यजनक संसार रचाया
हे प्रभो ! मैं यह नहीं समझ पाया
कि वह कौन है जिसने आपको बनाया ?
उसने आपको क्यों बनाया ?
आपने संसार क्यों रचाया ?

मौत से पूर्व ही

मानव डींगें हाँकता है कि
मैं साहसी हूँ, बहादुर हूँ, विषम परिस्थितियों में भी धैर्य नहीं
खोता, मौत से नहीं डरता, मौत से लड़ जाता हूँ।
कुछ उपदेश देते हैं कि मृत्यु शाश्वत सत्य है,
जो जन्मता है उसकी मृत्यु निश्चित है।
कुछ को कहते सुना है
मौत से डरना नहीं चाहिए, उसका डटकर
मुकाबला करना चाहिए।
लेकिन जब मौत अचानक सामने आ खड़ी होती है,
बढ़ाने लगती है क्रूर पंजे अपने
मानव की गर्दन तक
तो अच्छे-अच्छों के दिल दहल जाते हैं
महाशूरवीर, महाज्ञानी, ध्यानी भी
नादान बच्चों की तरह घबरा जाते हैं
कुछ दहाड़ मारकर रो उठते हैं, कुछ भागने लग जाते हैं
वे मौत आने से पूर्व ही मर जाते हैं।

बाबूजी

बाबूजी ! आप अपनी बेटियों को जवान होते देखकर
भी कभी इतने चिन्तित नहीं दिखे थे,
कि आज आप बुझे-बुझे से नजर आ रहे हो।
शायद इस अधेड़ होते हुए बेटे को रोजगार न मिल
पाने के गम में टूटे जा रहे हो।
बेटियों के हाथ तो पीले हो गये
अब बेटे के हाथ कब गीले होंगे
इसी चिन्ता में दिन-रात घुले जा रहे हो,
समय से पहले ही मौत के मुँह में जा रहे हो।
बेटियों का बोझ इतना कभी महसूस नहीं किया
किन्तु आज मैं जैसे छाती पर कोई चट्टान रखी हो।
बाबूजी ! आपने पहले क्यों नहीं सोचा था
कि आज बेटियों को ससुराल पहुँचाने की अपेक्षा
एक बेटे को मार्ग से लगाना लोहे के चने चबाना है ?
बेटी की शादी के लिए कम बेटे को रोजगार दिलाने के
लिए ज्यादा धन जुटाना है।
फिर आपने अधिकारी की कुर्सी क्यों नहीं पायी ?
बाबू ही बन गये थे तो ऊपरी कमाई क्यों नहीं बढ़ाई ?
अब तो घोटालों का जमाना है, आप भी छोटा-मोटा घोटाला
कर देते तो सरकार दिवालिया तो नहीं हो जाती।

कम-से-कम अपने बेटे को एक छोटी-सी दुकान तो
खुला सकते थे।
बाबूजी ! आपसे ये नहीं हुआ तो आप किसी अनुसूचित
जाति के क्यों नहीं हो ? या मुझे किसी अनुसूचित जाति में
ही पैदा क्यों नहीं किया ?
कम-से-कम आरक्षण के बल पर आज
कहीं-न-कहीं खप गया होता, फिर क्यों अपने
भाग्य को रोता।
प्रिय बाबूजी, आप रिटायर्ड होने से दो-तीन साल पहले
पद पर रहते हुए ही क्यों नहीं चल बसे ?
आपके बिना दुनिया का चलन तो नहीं रुक जाता;
बाबू की ही सही आपका बेटा आपकी कुर्सी तो पा जाता।
यहाँ आपकी आत्मा कितनी अशान्त है
मुझे अपनी कुर्सी पर बैठे देख आपकी
आत्मा को स्वर्ग में कितनी शान्ति मिलती !

नारी के अस्त्र

हे नारी ! तुम्हारे पास पुरुषों के शिकार को
एक से एक बढ़कर अचूक अस्त्र-शस्त्र हैं !
फिर क्यों इनकी प्रहारक क्षमता बढ़ाने में
आप युगों-युगों से व्यस्त हैं ?
जैसे नजरों के तीरों को काजल लगा पैने करना
मुस्कान को ओठों पर लाली लगा विस्फोटक करना
जुल्फ रूपी नागिनों को खुली रख डसने के लिए प्रेरित करना
गालों को रूज से सुर्ख कर स्पर्श को लालायित करना
नाखूनों में नेल पोलिश लगा जंग से बचाये रखना
कलाइयों में चूड़ियों की खनक से शिकार को भरमाये रखना
अंग झाँकते या उभरते कसे वस्त्रों से बेहोशी का आलम
बनाये रखना
इसके बाद भी नये-नये हथियारों की खोज जारी है।
जैसे विकनी, मिनी स्कर्ट, स्विमिंग ड्रेस आदि अपनाना,
ब्यूटी पार्लर जाना, आइब्रो सेट करवाना, हेयर स्टाइल बदलवाना,
नेकलेस, रिंग्स, कंगन, टोप्स, चेन्स आदि नित
नये-नये खरीद लाना
वस्त्रों से बिन्दी, क्लिप, चूड़ियाँ, सेन्डिल आदि का मैच मिलाना
मॉडल, एक्ट्रेस, एयर होस्टेस या रिसेप्शनिस्ट बन जाना !
शायद इक्कीसवीं सदी में पुरुषों से विश्वयुद्ध की तैयारी है !

या नारी से नारी की नारी को परास्त करने की जंग जारी है।
जमाना प्रतियोगिता का है; नारी नारी से ईर्ष्या करती है।
कौन कितने पुरुषों का शिकार कर सकती है ? अथवा
धनी और सुन्दर पुरुष का शिकार कौन-सी बहादुर नारी
कर सकती है ?
कौन से हथियार से दूसरे शिकारी से पहिले कर सकती है
इस बात की होड़ आज भी जारी है।
हे नारी ! इस धरती के जंगल में ईश्वर ने तुम्हें पुरुषों के
शिकार पर भेजा है; शिकार करो।
किन्तु शिकार पर इतना रहम तो करो
कि वह पानी माँग सके।
हे नारी ! सच तो ये है कि तुम्हारे ईश्वरप्रदत्त
प्राकृतिक हथियार अपने प्राकृतिक रूप में ही
सर्वाधिक प्रभावी रहते हैं, रहे हैं,
और हर युग में रहेंगे।

आ जाओ

ओ पीड़ाओं के नालो, कष्टों के झरनो
दु:खों की झीलो, दर्दों की नदियो,
यूँ घुट-घुटकर मत जियो।
सारा दर्द अकेले-अकेले ही मत पियो
थोड़ा खुश होके भी जी लो, अपने दर्दों से हल्के हो लो,
बहते-बहते तुम सब, मेरे आँगन तक आ जाओ।
अपने-अपने दु:ख-दर्दों को, मेरे हाथ थमा जाओ।
सखी-सखाओ शंकित मत हो
मैं तुम सबका जन्म-जन्म का चाकर हूँ।
तुम नदिया, नाले, झीलें, झरने हो दर्दों के,
मैं भी तो दर्द महासागर हूँ।

ज्वालामुखी-दो

यदि कहीं मैं पागल न हो जाऊँ
या चिर निद्रा में लीन न हो जाऊँ
चाहे मेरी कलम टूट जाये
चाहे दोनों नयन फूट जायें
मेरे दोनों हाथ ही क्यूँ न कट जायें
दोनों कर्ण-पटल भी क्यूँ न फट जायें
मस्तिष्क-मंथन चलता रहेगा
विचार-रत्नों का भण्डार निकलता रहेगा
ज्वालामुखी जब तक जलता रहेगा
लावा हमेशा निकलता रहेगा ।

हे भाग्यविधाता !

तुमने धनपति लाल के भाग्य में नहीं लिखा सन्तान सुख ठीक किया
गरीब जनता का धन होगा, उनके काम आयेगा।
सावित्री देवी के भाग्य में लिख दिया,
शुभ विवाह के एक मास बाद ही वैधव्य
कोई मजबूरी रही होगी।
गनेशीलाल के एक मात्र पुत्र का
अठारहवें वर्ष में सर्पदंश, कोई बात नहीं
सुजानचन्द के पूरे परिवार का अन्त
एक कार एक्सीडेन्ट में।
समझ आता है।
माधुरी के भाग्य में लिख दिया,
पहले अपहरण, बलात्कार, फिर हत्या,
शायद उससे कोई भयंकर गलती हुई होगी।
दीपिका के भाग्य में लिख दिया
आजन्म क्वाँरे रहना
जीवन का सारा दर्द अकेले ही पीना।
शायद पुरुषों की कमी रही होगी।
सेठ दीनानाथ का सब कुछ स्वाहा हो गया आग में जलकर,
जरूर पाप की कमाई रही होगी।
नदी किनारे बसा गाँव नदी में आई बाढ़ में बह गया,

शायद इस तरह धरती माँ का बोझ हल्का किया होगा।

कल ब्याह कर आयी निर्मला को,
उसकी सास ने जलाकर मार डाला
पिछले जन्म का कोई पाप रहा होगा।

ये सब किया सो किया, हे भाग्यविधाता!
किन्तु ऐसा क्यों किया
कि अबोध कन्या के भाग्य में भी बलात्कार लिख दिया?
तुम ऐसा कैसे कर पाये? तुमने सीने पर पत्थर क्यों रख लिया?
तुम्हारा हाथ रुक क्यों नहीं गया?
वो कलम टूट क्यों नहीं गयी?
वो बहीखाता भस्म क्यों नहीं हो गया?
हे भाग्यविधाता,
यदि ये उसके पिछले जन्म के पाप कर्मों की
सजा थी, जरूरी थी;
तो ऐसी क्या मजबूरी थी
जो तुम रुक न सके
उसके सजा भोगने योग्य होने तक?

मेरा मन

दिखाई देते ही पराई स्त्रियाँ,
निहारने लगती हैं उसे नख से शिख तक
मेरी बदचलन आँखें।
खोजने लगती हैं जबरन उसके अंग-अंग में
सौन्दर्य और करने लगती हैं तृप्त होने का
असफल प्रयास, मृग मारीच की तरह।
सनायी देते ही परायी स्त्रियों के बोल
कान खड़े हो जाते हैं उस दिशा की ओर
खोजने लगते है मिठास उनके हर शब्द में।
उनसे बातें करना चाहने लगता मेरा मन।
उनकी मधु-मुस्कानें पाना चाहने लगता मेरा मन।
फिर याद आते ही, अपना घर व पत्नी,
कोसने लगता मेरे ही भाग्य को मेरा मन।
धिक्कारने लगता मेरा मन, मेरा जीवन
लगता उससे भर चुका है अब मेरा मन
अथवा बिल्कुल मर चुका है मेरा मन
नहीं तो भ्रान्तियों से घिर चुका है अब मेरा मन।
आखिर दूर के ढोल सुहावने क्यों लगते हैं ?
परायी थाली में घी ज्याद नजर आता है क्यूँ ?
परायी थाली के चावल मीठे क्यूँ दिखते हैं ?
घर की मुर्गी दाल बराबर होती है क्यूँ ?

प्यार

बड़ा ही प्यारा शब्द है 'प्यार',
सभी चाहते इसे बेशुमार।
प्यार एक 'अद्वितीय भाषा'
इन्सान, शैतान, पशु-पक्षी,
पेड़-पौधे, कीड़े-मकोड़े,
यहाँ तक कि पत्थर-मिट्टी,
पर्वत, नदिया, घर-दुकान
खेत-खलिहान
मोटर, मशीन, गाड़ी, वाहन
सब इसे अच्छी तरह समझ लेते हैं।
प्यार एक 'संजीवनी'
माँ का प्यार भरा कोमल स्पर्श
डाल देता है मरणासन्न बेटे में प्राण।
प्यार एक 'पारसमणि'
प्यार से छूता किसान अपने खेत की मिट्टी,
सोना उगलने लगता है उसका खेत।
प्यार एक 'अनमोल धन'
प्यार का खजाना लुटाता दोनों हाथों से
एक माली अपनी बगिया पर,
लौटकर भर देती बगिया माली का खाली-सा घर।

प्यार एक 'अमृत'
जिसे लैला-मजनूं और सोहनी-महिवाल ने पिया
और अमर हो गये।
प्यार एक 'दिव्य शक्ति'
मीराबाई ने पाई, तो मृत्यु भी घबरायी।
बड़ी ही अनमोल वस्तु है 'प्यार'
सभी चाहते इसे बेशुमार।

आँधियाँ

आज चारों ओर चल रहीं बेशुमार
 प्यार की आँधियाँ ।
आँधियाँ प्यार की हों या नफरत की,
बर्फीली हों या धूल-मिट्टी भरी,
आँधियाँ आँधियाँ हैं ये कभी
किसी का भला नहीं कर सकतीं ।
उड़ाती हैं सिर्फ कूड़ा-करकट, धूल-मिट्टी
उखाड़तीं फलते-फूलते पेड़
उजाड़ती गरीब की झोपड़ की दुनिया
उड़ा ले जातीं घरों के टीन-टप्पर
छोड़ जाती हैं किसी की आँख में किरकिरी
मचाती हैं तबाही चारों ओर
विनाश का पर्याय होतीं आँधियाँ ।
प्यार की आँधियाँ भी,
वासनाओं, लालसाओं का कूड़ा-करकट पैदा करती हैं
उजाड़ देतीं चरित्र की झोपड़ियाँ
उड़ा देतीं ईमान का टीन-टप्पर
उखाड़ देतीं विवेक-रूपी वृक्ष को जड़ समेत,
फिर होती है तबाही, छल, धोका, बलात्कार,
विश्वासघात, हत्या या आत्महत्या के रूप में ।

उजड़ते हैं बसे-बसाये घर
चले जाते हैं, पले-पलाये सहारे
उजड़ जाती हैं, सिन्दूरी माँगें
छिन जाती हैं बच्चों की माँ की गोदियाँ।
आज जरूरत है कि आँधियाँ नहीं,
शीतल, मन्द, सुगन्धित पवन चले प्यार की।
जो रोम-रोम पुलकित करे,
तन-मन में उल्लास भरे,
अंग-अंग में स्फूर्ति जगाये,
हताशों में आशा का संचार करे,
भटकों को राह दिखाये,
मरणासन्नों में जीवन-ज्योति जगाये,
बसुधा का गुलशन महकाये,
नवसृजन की रागिनी गाये।

□□